好玩儿的思维游戏

九宫变型数独

SUDOKU

拾柒 编著

- 寓教于乐的思维游戏
- 行之有效的思维训练
- 开发大脑无限潜能
- 在游戏中收获快乐和成长

科学出版社

北京

内 容 简 介

    本书精选十种经典的九宫变型数独，在详细介绍变型数独规则的基础上，给出300道优质九宫变型数独题，难度涵盖初级、中级、高级，适合所有数独爱好者。题目类型丰富，题面经过严格验证，卡点设置巧妙，涉及多种解法，帮助数独爱好者扎实掌握解法，快速提升解题技能，走进变型数独的神奇世界。

图书在版编目（CIP）数据

九宫变型数独/拾柒编著.—北京：科学出版社，2022.3
  （好玩儿的思维游戏）
  ISBN   978-7-03-071777-1

Ⅰ.①九… Ⅱ.①拾… Ⅲ.①智力游戏 Ⅳ.①G898.2

中国版本图书馆CIP数据核字（2022）第038793号

责任编辑: 孙力维 杨 凯 / 责任制作: 魏 谨
责任印制: 师艳茹 / 封面设计: 张 凌
北京东方科龙图文有限公司 制作
http://www.okbook.com.cn

科 学 出 版 社 出版
北京东黄城根北街16号
邮政编码：100717
http://www.sciencep.com

天津市新科印刷有限公司 印刷
科学出版社发行   各地新华书店经销

*

2022年3月第 一 版   开本：880×1230 1/32
2022年3月第一次印刷   印张：5 1/4
字数：110 000

定价：28.00元

欢迎走进变型数独的神奇世界！

数独，顾名思义，唯一的数字，数字的唯一性。

风靡世界的数独游戏，能够全方位开发人们的大脑潜能，在解题的过程中锻炼思考能力、逻辑推理能力，提升专注力，使得头脑更清晰、思维更敏捷。数独适合所有年龄段的人，孩子玩数独可以拓展思维、激发大脑活力；成年人玩数独，可以缓解压力、放松精神；老年人玩数独可以提神醒脑。

除了标准数独还有很多变型数独，趣味性更强，挑战性更大。本书精选十种经典的变型数独，包括对角线数独、不规则数独、窗口数独、连续数独、奇偶数独、乘积数独、比例数独、杀手数独、无马数独和VX数独。题目类型丰富，涉及全标类、计算类、区域类等多种形式，难度由浅入深，卡点设置巧妙，适合所有数独爱好者练习。小小九宫格，变化万千，想解开它需要认真思考、严谨推理、高度专注。只有深刻理解规则，扎实掌握解法，才能解开更多更难的变型数独谜题。

欢迎从这本书开始，走进变型数独的神奇世界！

目　录

扫一扫看答案

扫一扫看答案

扫一扫看答案

扫一扫看答案

扫一扫看答案

扫一扫看答案

扫一扫看答案

扫一扫看答案

扫一扫看答案

扫一扫看答案

对角线数独规则

对角线数独是最常见的变型数独之一，它是在标准数独的基础上增加了两条对角线限制条件，要求每条对角线穿过的9格内数字也不重复。

对角线数独规则：将数字1~9填入空格内，使得每行、每列、每宫和两条对角线上的数字均不重复。

◀◀◀ 题 面 ▶▶▶

	8		4		1	5	7	
5						1		4
	4		2		6			
4		7		1		8		2
			7		3			
6		3		2		4		7
			5		9		4	
9		4						3
	6		3		4		8	

◀◀◀ 答 案 ▶▶▶

2	8	9	4	3	1	5	7	6
5	3	6	8	9	7	1	2	4
7	4	1	2	5	6	3	9	8
4	9	7	6	1	5	8	3	2
8	1	2	9	7	3	9	6	5
6	5	3	9	2	8	4	1	7
3	2	8	5	6	9	7	4	1
9	7	4	1	8	2	6	5	3
1	6	5	3	7	4	2	8	9

对角线数独练习题

001

用时：_____

		4		9		6		
		9				1		
1	7			6			8	5
			4	2	8			
4		2	6	1	9	8		7
			7	3	5			
3	2			8			4	1
		7				3		
		1		4		2		

002

用时：_____

		4		8		6		
		6				1		
8	2	5		6		7	4	3
			9	4	3			
6		3	2		5	9		4
			6	7	8			
3	6	8		2		4	9	7
		7				3		
		1		3		5		

003

用时：_____

	1						6	
8			2	7	4			5
	2		3	6	8		5	
	3		7	9	5		8	
	8		4	1	2		9	
2			9	4	1			6
	4						2	

004

用时：_____

5			4	8	1			2
	8			5			4	
6			1		3			7
8	1			7			9	3
3			8		6			5
	5			6			3	
9			3	1	7			4

005

用时：_____

	3		6		4		5	
9	4						8	6
				8				
8			5	2	1			3
		5	4	3	8	7		
3			9	7	6			5
				9				
1	7						9	4
	2		1		7		6	

006

用时：_____

4	1			8			2	7
7								4
			7	3	9			
6			1	2	4			5
			8	6	5			
5								9
1	3			9			7	6

007

用时：_____

4		5	2	6	3	8		9
					1			
9								2
5								7
2	8						9	3
3								6
1								4
				4				
6		9	3	7	1	2		8

008

用时：_____

				4				
	7	5	1		8	6	3	
	9		2		5		7	
	3	2	4		9	7	8	
7								1
	8	4	6		1	2	5	
	1		9		4		6	
	4	9	8		6	3	2	
				3				

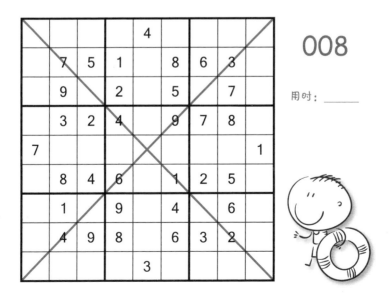

009

用时：_____

		1	5	4	7	8		
4	5					7		6
8			5					7
3			8	9	2			4
5				7				9
9	8					2		5
		3	4	2	5	9		

010

用时：_____

	8						2	
2			3		1			4
		4			1			
	2		7	1	4		6	
			9	2	8			
	1		5	6	3		4	
		6				9		
8			6		2			3
	5						7	

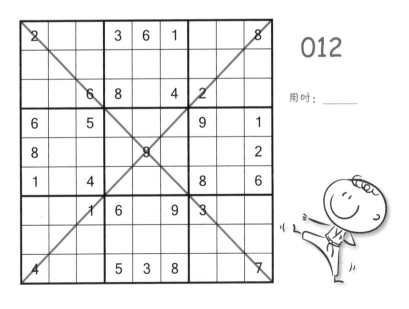

011

用时：_____

012

用时：_____

013

用时：_____

		7		6		8		
	6	8	4		5	1	7	
1	3		9		8		2	4
	8	6				5	1	
5				8				7
	4	9				3	6	
6	7		8		9		5	1
	1	4	5		3	7	9	
		2		1		4		

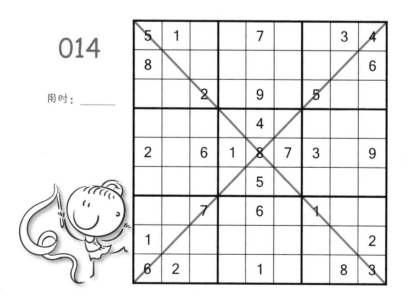

014

用时：_____

5	1			7			3	4
8								6
		2		9		5		
				4				
2		6	1	8	7	3		9
				5				
		7		6		1		
1								2
6	2			1			8	3

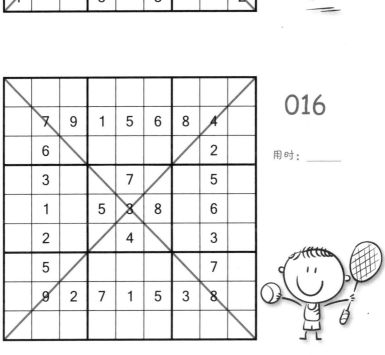

015

用时：_____

016

用时：_____

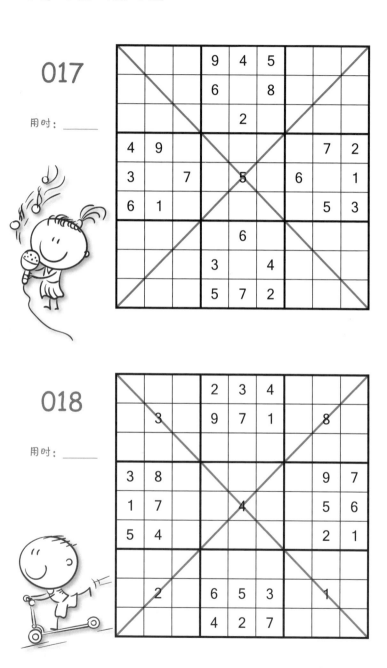

017

用时：_____

018

用时：_____

019

用时：＿＿＿＿＿＿

020

用时：＿＿＿＿＿

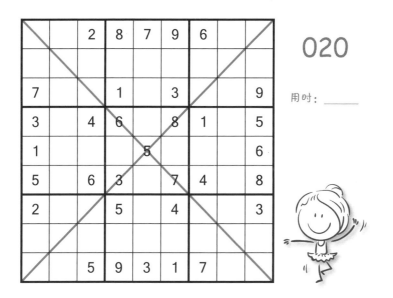

021

用时：_____

022

用时：_____

023

用时：_____

			8		3			
	3		5	1	6		8	
2	7			8			9	1
	1		3	6	9		5	
6	9			2			4	3
	4		9	5	1		2	
				2		4		

024

用时：_____

		8				3		
	3			7			4	
7			4		6			2
		3	8		9	6		
	8			6			7	
		1	3		7	5		
3			7		4			6
	2			5			1	
		4				7		

025

用时：＿＿＿＿＿＿

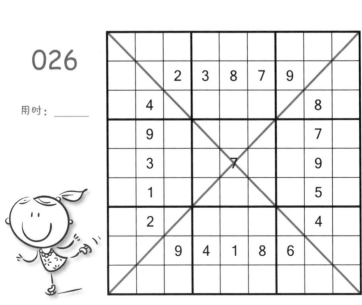

026

用时：＿＿＿＿＿＿

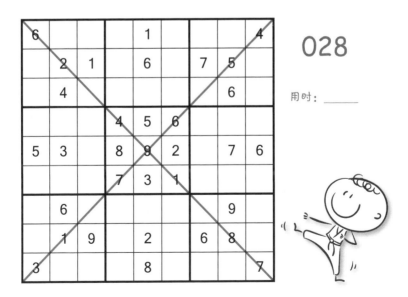

027

用时：_____

028

用时：_____

029

用时：_____

6		9			1		4	3
			4		6			
8				9				2
	8			2			7	
1		5	6	7	9	3		8
	4			3			1	
4				6				7
		9			8			
2		8		4		6		9

030

用时：_____

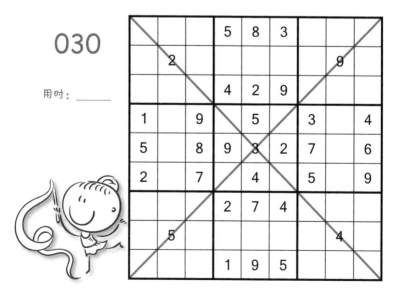

6		9			1		4	3
	2		5	8	3		9	
			4	2	9			
1		9		5		3		4
5		8	9	3	2	7		6
2		7		4		5		9
			2	7	4			
	5						4	
			1	9	5			

不规则数独规则

　　不规则数独也是一种很常见的变型数独，它将标准数独中的方形宫变成了不规则形状的宫，虽然解题技巧和思路与标准数独类似，但在观察难度上提升了许多。

　　不规则数独规则：将数字 1~9 填入空格内，使得每行、每列和每个不规则形状宫内数字均不重复。

◀◀◀ 题　面 ▶▶▶

	8	6			4			
		4		3		8		1
	6			5			7	4
7		9	1		8			
	7						2	
			5		3	6		2
4	9		8					1
5		2		1		4		
			4			3	9	

◀◀◀ 答　案 ▶▶▶

1	8	6	3	2	4	9	5	7
2	5	4	7	3	9	8	6	1
8	6	3	2	9	5	1	7	4
7	4	9	1	5	8	2	3	6
3	7	1	9	4	6	5	2	8
9	1	7	5	8	3	6	4	2
4	9	5	8	6	2	7	1	3
5	3	2	6	1	7	4	8	9
6	2	8	4	7	1	3	9	5

不规则数独练习题

031

用时：_____

	2		6	8	4	7	9	
	4		2	6	3	5	7	
			3	9		2		5
8			5		9		6	
9						8		
6		7	8			4	1	9
2	9	8	1	4	7	6		3
			9		1	3	4	7
4	5				8			

032

用时：_____

	5	1		4	8	3		6
6	7	3				4		2
4		8	6	5		1	3	
3			8		1		4	5
	3		5					7
5	9	7	4		3	6		1
2	1			3	4			
			9		2		7	3
9	8			7		5	1	

033

	3			2		8		1
9			5					4
	4			6		5	7	
				4		1		6
	1	8	7			2		3
3	6		2	7	4	9		5
7	2		3	5	8		1	
	5		8			3	2	7
1	9		6	8	7	4	5	

用时：＿＿＿＿

034

	9	4				6		3
1			3					2
			5		4	3	2	
6					1	4		7
7		6		9	5	1		8
3	4	5	9			7	8	1
	3			2	8	7		6	4
8	1			5	6			
4		9	6			8	1	5

用时：＿＿＿＿

035

用时：_____

1	6				8	2	7	3
							8	5
8	2	6			5	4		
4	8		9			6	5	
6		2			7	9	3	1
3	7		1	6	2			
7	4	3	8					2
		8	6		9		2	4
2		5	7		1		8	

036

用时：_____

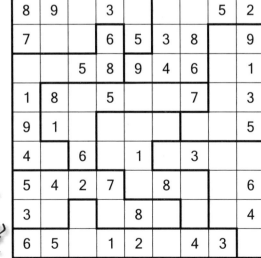

8	9		3				5	2
7			6	5	3	8		9
		5	8	9	4	6		1
1	8		5			7		3
9	1							5
4		6		1		3		
5	4	2	7		8			6
3				8				4
6	5			1	2		4	3

037

8			2			1		
4	1		8				3	
	3				4			1
	7		1		2	8	4	
				1	9			8
9	2	8	6	5		3		4
1	4	7	3	6		9	2	
2	9	3	5	4		6	8	7
6	8		4			5		2

用时：_____

038

9		7	2				6	5
	7	2	4	6		9	1	
			1	9		4	7	3
2		1		5		8		7
5		3			7	2		6
	9	6		7	1		2	
	6	9		2			5	
	2			3			8	
7	3	4			6	1		2

用时：_____

不 规 则 数 独 练 习 题

039

用时：_____

	1		5		3		7	
		2		8	6	9	1	
6	9		8	4	7	2	5	
1	7			2				6
5	8		3	7		1		
8	2	3	6		4	5	1	7
	6		4	3	1			5
3				6		7		
	4	5			9			

040

用时：_____

1		5		3	9		8	
		4	6	8	3		1	7
7			2	5				4
2		7	1	9		6		3
		6	3					
4		8	7	6	1	2	3	5
3	5	2		4				
	3	1		2	4			6
			5	1			4	8

041

	8	7				1	3	
6	9		4			3		
	1	9	3	7	4		6	
3	4	1	8	6	5			
	2					8		
7	6	3	9	2	1	4	8	5
	5		2		9		1	
9		8			7			
	7	6	5	8	3	9		

用时：_____

042

	3		1		5		4	6
2	6			1	4			7
1			5			7		
8		6		4				
4		1		3	7		8	2
						1	9	4
	8	4		6			2	1
	1		4	7	8		5	
9	5	7	2	8	1	4	6	3

用时：_____

043

用时：＿＿＿＿＿

8	2			4		7	5	1
6	9				1		4	2
4	1	5	2		7			
	7		4	1	8		9	6
1		7			3	2		4
		8	9		2	1	7	
2		4	8			3	1	
9					5			
7	8		1	3				5

044

用时：＿＿＿＿＿

		5		6				4
6		2		3		9	4	5
3	4							
	2		6	1			8	9
4	5	9			6	3	1	2
2	6	1		8	9			7
8			2	4	5			6
9			1		8	2		3
5		6	4		3		2	

045

用时：＿＿＿＿＿

	8	7		2	1		4	9
9			1	5				
	2	9	7	1	6			3
	6	5			9	7		2
	5	4	9	7		1		
3	1	8	6	4	2			5
7				4		9	8	
1		3		9	5			
	9		2		7		3	

046

用时：＿＿＿＿＿

7			2				8	
		4	3	1	2			
2					6			3
	3		6			4	2	5
1			3	5	8			6
	7		1					
3	8	2	6	4	7			1
	5			2				9
4						3		8

047

用时：_____

	4	6				9	2	1
1	3			7			9	6
9			7	8				
		1	9			8	3	
		8	2				6	
					7	6	5	
	1	9		6		7		5
5		4					8	
4			3	5		9	1	

048

用时：_____

5			1	9	4		8	
8	7	2			6			
7	9			5			6	
	5	9			1			8
6	1	4	7		8	2	5	
	6			7			4	3
4			9			5	3	
			6		2	9		
9								

049

用时：_____

9	5	2			4	7		1
			4	9	6	5		
6						9		7
2	3	9			1			5
			8				4	2
1		7	6			3		
	9	4		7	3			6
		3	5		7			
			9		5		7	4

050

用时：_____

			3	9	7		2	1
	7				6	1	9	
		2	8				3	
3	2	6	9				8	
5	1				8			
	6	7					5	8
		9		8	1			
					3	9		
9	5	1		2	8	6		3

051

用时：_____

		4		8			
1		8						
	5		1			6	2	
	6		2					4
		1	9			5	7	8
	8		7		2		5	1
		5	3	8		7		
		9	4		6		8	3
2		7	5			8	3	

052

用时：_____

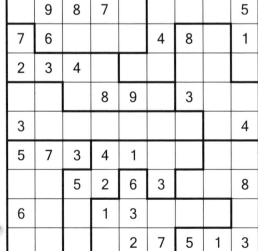

	9	8	7					5
7	6				4	8		1
2	3	4						
			8	9		3		
3								4
5	7	3	4	1				
		5	2	6	3			8
6			1	3				
				2	7	5	1	3

053

用时：＿＿＿＿＿

054

用时：＿＿＿＿＿

055

用时：＿＿＿＿＿

	7	6	9		5	1		
5	4		1		8		7	
3		1	8	4		7		
1	9							
4			7					1
	2					5	9	6
		7			2		8	
2	8		6	3	7	9		
	3			8	1	2		

056

用时：＿＿＿＿＿

3	8						1	
	2	7		4	8	3		
		5	1		2	3		
	9		8	6	3			
8			6					
		1				9		
9	5		7		8		2	
4			2		6	5	9	
5	6			7			8	4

057

6			9					1
	2	7	1	3				
	3	8	4		2	1	9	6
	4	9	5					
		2			1	7		9
7	1			6	3	9		
							7	3
		3			9	4	1	5
3	5	1						

用时：_____

058

7	2		6			3	1	
5				1				
	7					9	6	
		9		2	7	5	3	6
3	6	2		5	1	7		9
1			7		5			4
	4				9			
2			1					
		3	5	6	2	1		

用时：_____

059

用时：_____

		3		5		9		6
		1		7	8	3	2	
3	7	4		1			6	
4		5					9	
7	9			4	2			3
			3		5		4	
					3			
			5	8		6	3	2
			7		6	4		9

060

用时：_____

	9	7			8		1	2
		1		5		3		9
							4	
	3			7				
	5	6		7	1	9		
9	7					6	5	4
	2		7		6			5
4		5	6		9		7	
8		3		9		7		

窗口数独规则

窗口数独是一类很经典的变型数独，它的题面内出现了四个固定位置的额外区域，这四个区域内也只能填入数字 1~9。

窗口数独规则：将数字 1~9 填入空格内，使得每行、每列、每宫和四个窗口区域内数字均不重复。

◀◀◀ 题 面 ▶▶▶

		3		8		7		
3		8				2		
	7		9				3	
8			7		5			6
		8		5				
2		1		6				3
	8			2		6		
	9					3		8
	4		5		3			

◀◀◀ 答 案 ▶▶▶

9	1	2	3	4	8	6	7	5
3	6	8	1	5	7	2	4	9
4	7	5	9	2	6	8	3	1
8	3	4	2	7	1	5	9	6
6	9	7	8	3	5	4	1	2
2	5	1	4	6	9	7	8	3
5	8	3	7	9	2	1	6	4
7	2	9	6	1	4	3	5	8
1	4	6	5	8	3	9	2	7

061

用时：_____

			3		1			
		3		2		1		
	2			4			5	
6			1	5	7			8
	7	1	8	3	4	6	9	
8			6	9	2			7
	1			6			7	
		7		1		5		
			4		5			

062

用时：_____

	1			7			2	
7	2						1	6
		6		9		3		
			4	1	6			
1		4	5	2	9	7		3
			7	3	8			
		8		6		2		
9	3						5	8
	7			8			4	

063

用时：_____

		8		9		1		
7		9	2	5	1	3		6
		5	6		7	2		
1		4		3		6		8
		7	4		8	9		
4		3	8	6	2	7		5
		6		4		8		

064

用时：_____

		8		7		4		
		9		4		6		
7	6	4				9	3	1
			8	3	5			
8	9		4	2	7		6	3
			1	9	6			
3	8	6				7	9	2
		7		8		3		
		2		6		5		

065

用时：_____

4				6				2
	6	7				8	3	
	2		8	3	5		4	
		5	1		2	9		
9		1		5		3		8
		6	9		3	1		
	5		3	7	4		9	
	1	4				6	7	
7				1				3

066

用时：_____

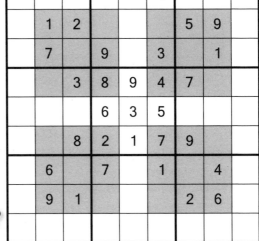

	1	2				5	9	
	7		9		3		1	
		3	8	9	4	7		
			6	3	5			
		8	2	1	7	9		
	6		7		1		4	
	9	1				2	6	

067

用时：_____

		6	1	5	9	3		
		1	4		3	6		
3	5	9					1	8
1	7						4	9
9				1				3
5	6						1	7
2	1	7				9	3	8
		4	8		2	7		
		5	9	7	1	4		

068

用时：_____

			8	3	4			
		2				3		
	1		6	2	5		9	
3		4		9		2		5
5		7	4	6	8	1		9
9		1		5		7		8
	4		3	7	6		5	
		9				8		
			1	8	9			

069

用时：_____

5		1				8		4
			7	5	9			
9		2	8		4	5		7
	1	5		4		2	8	
	2		5	3	1		7	
	4	9		6			1	3
2		7	3		6	9		1
			1	9	5			
1		3				6		8

070

用时：_____

3			8		6			7
		7		3		6		
	8		4	5	7		3	
2		5	3	7	8	9		1
	4	9	1	2	5	3	7	
7		3	9	6	4	5		2
	2		6	4	3		9	
		4		8		1		
5			7		9			4

071

用时：_____

			8	9	1			
	5			3			9	
			4		2			
4		8	9		6	3		1
7	6			1			4	8
1		5	2		8	6		9
			7		4			
	8			6			2	
			5	2	9			

072

用时：_____

8	2			7			6	9
3		5		2		1		8
	9		8		5		3	
		2				6		
5	8			4			2	3
		3				8		
	7		6		2		9	
6		8		3		4		2
2	3			1			8	6

073

用时：＿＿＿＿

6								1
	5	2		6		4	7	
	3	4				5	6	
			9		2			
	4			8			9	
			4		7			
	6	5				2	4	
	2	8		4		9	1	
4								3

074

用时：＿＿＿＿

			5	7	1			
		1				2		
	9		2		4		7	
5		4		1		3		2
2			9	6	3			5
9		8		2		6		7
	7		6		9		3	
		9				7		
			8	3	7			

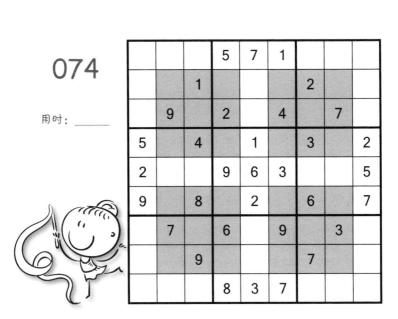

075

用时：_____

			7		4			
		5	6	9	2	4		
4		8				9		3
		2		8		7		
3		9				8		6
		1	8	4	9	3		
			5		6			

076

用时：_____

			3		7			
	5			9			4	
		8				9		
3			1		6			4
	6			7			3	
4			9		3			8
		4				8		
	2			1			9	
			7		9			

077

用时：_____

3			6	2	7			5
	4						2	
			1	4	8			
2		8				1		6
7		4		1		2		9
1		5				4		8
			7	5	9			
	2						8	
6			2	8	1			4

078

用时：_____

3			2		4			8
	7		8		9		5	
		9				3		
2	4		3		8		1	7
				7				
7	9		1		5		3	2
		4				7		
	3		7		6		9	
5			9		3			4

079

用时：

	6			8			4	
3	4						2	1
		1		6		7		
			7		3			
4		3		2		5		7
			6		9			
		2		9		4		
1	7						5	2
	8			1			7	

080

用时：

			7	9	5			
		6		4		8		
	5		8		1		7	
5		2				3		8
8	9			7			4	5
3		4				7		1
	3		1		8		6	
		8		5		1		
			6	3	7			

081

用时：_____

1				9				3
	2		7		4		6	
				1				
	5			6			3	
6		1	9		2	5		8
	9			8			4	
				7				
	8		4		9		1	
7				2				5

082

用时：_____

3	5		2		7		6	4
8								3
				4				
7				2				5
		8	6	1	5	4		
4				3				2
				7				
1								6
5	7		3		8		1	9

083

用时：_____

	5						4	
4	6	2		8		1	7	5
	8	1		6		9	2	
	2	4		1		3	5	
	1	7		3		4	8	
2	4	6		7		5	3	1
	3						9	

084

用时：_____

			1	9	3			
		7		8		3		
4			9		5			7
5		8		7		4		3
2			8		4			6
		5		4		1		
			7	1	9			

085

用时：_____

1				7				2
			3		2			
		4	9	1	6	8		
	2	1				4	3	
4		5		3		2		9
	9	7				5	6	
		3	2	6	7	1		
		5			9			
5				8				6

086

用时：_____

				3				
		8				5		
	7	9	5		6	2	4	
		3	6	4	8	7		
1			3		7			4
		7	9	1	2	6		
	3	2	8		4	1	7	
		4				3		
				6				

087

1	3			2			8	4
8	4		5		1		2	7
	9			5			7	
5			7	6	2			9
	7			9			6	
4	6		3		5		1	8
7	1			8			9	3

用时：_____

088

4		7	6		9	5		1
3		6				9		2
6			3	9	2			8
			5	7	8			
8			1	6	4			3
7		8				3		4
5		4	8		7	6		9

用时：_____

窗口数独练习题

089

用时：_____

5		8		1		7		4
		2				9		
9	4	7		2		6	1	5
2		1				3		7
3	1	4		5		8	7	9
		5				2		
8		9		3		4		6

090

用时：_____

			9		2			
	6			1			2	
			8		3			
9		1	5		7	6		3
	3			2			1	
4		6	3		1	5		2
			1		9			
	7			8			3	
			2		5			

连续数独规则

连续数独是一类很经典的变型数独，它的规则很典型，标注粗线的两侧格内数字为连续关系，而没有标注粗线的相邻两格内数字不能为连续关系。这种利用标注条件和非标注条件，使得全题面都被条件所限制的题目类型称为"全标类"数独，连续数独就是全标类数独的典型题型。

连续数独规则：将数字 1~9 填入空格内，使得每行、每列和每宫内数字均不重复，题面内粗线两侧格内数字之差为 1，没有粗线的相邻两格内数字之差不为 1。

◀◀◀ 题 面 ▶▶▶

8		4					1	
			9	1				
		3				5		
			3					8
	6				3			
3				4				
	3				1			
		5	1					
	1				5		7	

◀◀◀ 答 案 ▶▶▶

8	6	4	5	2	3	7	1	9
2	7	5	9	1	6	8	3	4
1	9	3	8	4	7	2	5	6
7	2	1	3	9	5	4	6	8
9	4	6	1	8	2	3	7	5
5	8	2	7	6	4	9	2	1
5	3	7	4	6	9	1	8	2
4	8	2	6	5	1	9	9	3
6	1	9	2	3	8	5	4	7

连续数独练习题

091

用时：＿＿＿＿＿

	1	5	6			4		
7		2	9					8
9	4			2		5	7	
				5	9		2	
	5	9		1				
1			7		8			
4	8		5	7			3	9
				8	3		4	
5							8	

092

用时：＿＿＿＿＿

	8	4	5			7		6
			6		4			2
6		3	9	7	2			8
5	2		3	9				
	7	6				9		3
	1				6	5	8	
	6	5				8		
9				8	6			
							3	

093

用时：_____

094

用时：_____

095

用时：_____

096

用时：_____

097

8			9	7			2	
2	3	7						
	4		1	3				
3		2				4		6
		8		4				3
		4		2		5	8	1
5	8	3			1	6	4	2
			4		6			
4				8				

用时：_____

098

	8	2	1				4	
			3		2			
		3				1		
	2	7		4				5
		6				3		
8	3	5	9	7		4		2
		1		3		8	5	4
3	5	9	4	1			7	6
				5				

用时：_____

連续数独练习题

099

用时：_____

100

用时：_____

101

用时：_____

	5	4		3	8			
							6	
1	2		7	6	4	5	8	
4			2			3	1	
5		6		1		8	7	2
	1	3		8	7	4		
		5						1
								7
9			3		6			

102

用时：_____

		8			1			
	1				9	8	6	
	4	9			6	7		3
2			7	1				6
7			6				9	
	8	6	5		2			
8		3	1	2			5	
	5		9	3				
9	7		8					

103

用时：_____

		1		2	9	6		
4	9	8	5			7		
6			7	3				9
					2	9		
	2			4		3	5	
8				5		4		
2	8			7		5	9	
9	3							
	6	7	2	9		8		

104

用时：_____

5	8			6			2	
		4	3	8	5	6		
	6		7					4
4		8		3			6	
		6						2
7	2			5	8			1
		1	5			2		8
9			8				7	6
		5	2					

105

用时：_____

	9	7	3		4			
	4			8	1		6	
		3			5		9	
6		1						
3		9				5	4	6
				3	2		7	
9			5					3
7	8			4			5	9
	3	2	7					4

106

用时：_____

		1			6			
3					6			
		6		7	4			3
			4			7		
8		4		2			5	
	7	2			9		3	
1	9				2			
4								
		3		5	2	1		

107

用时：_____

108

用时：_____

109

用时：_____

110

用时：_____

111

用时：_____

	6	5						
7			9	5		4	8	
						6		
	9					7		
4				2		8		
7		2						
	8						2	
		4	2		8	5		9
5	2					8	6	

112

用时：_____

8			4		1			
1								
7	6	5						
2				1	3		6	
4								
		9				7		3
	4	6			8			
	2		3	7			1	
	7	1					4	2

060

113

用时：_____

114

用时：_____

115

用时：_____

116

用时：_____

117

用时：_____

118

用时：_____

119

用时：_____

120

用时：_____

奇偶数独规则

奇偶数独是难度较低的利用数字奇偶属性作为限制条件的变型数独，在标准数独基础上限制了每格内数字的奇偶属性，可以利用数字的不同属性来进行解题推理。

奇偶数独规则：将数字 1~9 填入空格内，使得每行、每列及每宫内数字均不重复，灰色圆形格内只能填奇数（1、3、5、7、9），灰色方形格内只能填偶数（2、4、6、8）。

◀◀◀ 题 面 ▶▶▶　　　◀◀◀ 答 案 ▶▶▶

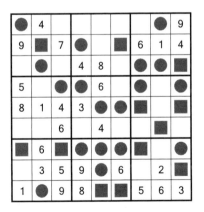

3	4	2	6	1	7	8	5	9
9	8	7	5	3	2	6	1	4
6	5	1	4	8	9	7	3	2
5	2	3	7	6	8	9	4	1
8	1	4	9	2	5	3	7	6
7	9	6	2	4	1	3	8	5
2	6	8	1	5	3	4	9	7
4	3	5	9	7	6	1	2	8
1	7	9	8	2	4	5	6	3

奇偶数独练习题

121

用时：_____

3		■	■		●		9	■
	7	8	●	●		■	1	■
●	2		4	7	8	●		6
■		6		3	2	■	●	7
2		3			7		4	9
●	1	7	●		■	6		3
	■	2		5	3			●
8				●	6	4	7	●
1	6	5	7		9	●	8	■

122

用时：_____

3		7	5	8	■		1	
■		●	6	3	9	■	■	
		6	7	4	1	8		
●	■	1	3		■	4		■
7		3	2		4	●	8	5
■	■	9	8				●	■
6		4	●	2			3	■
1			9	6	●	●	2	
●	3	2			8	7	■	1

123

用时：_____

2	●	■	1		9	6	4	●
	5	●	8		■	●	●	9
1	■	●	■	5		8		
8	1	●	■	●	■	7	■	
●		■		3	1	4	5	8
■	4		●	■	●	■		1
7	●		●	■		5	1	■
	■	■	●	1	■		■	●
3	2	●	●	■	7	9	■	

124

用时：_____

6		■	■		●	7	●	
1				3	●	5	■	2
5	3	7	4	●	■	6	■	1
3	8	●	2	●	■	4	9	7
		■	3	4			●	
■	1	9	5			2	■	
■		●	●		5	●	●	4
7			●	8		9	2	
●	■	1	●	6	4		●	■

125

用时：_____

■		2	3			●	■	4
		●		4	●		5	2
8	5	4	●	6		9		1
	8	6	■	●		3		
	4	●	9	●	●	8	6	
7	3	1	6	●	8	■	■	
	2		●	■	●	4	7	6
4	7	■	5	2	■			3
●	6	●	4	9			■	

126

用时：_____

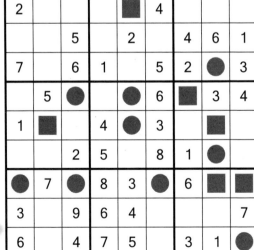

2			■	4				
		5		2		4	6	1
7		6	1		5	2	●	3
	5	●		●	6	■	3	4
1	■		4	●	3		■	
		2	5		8	1	●	
●	7	●	8	3	●	6	■	■
3		9	6	4				7
6		4	7	5		3	1	●

127

	■		7			1	6	4
	●		1			3		●
1	5		●	■	4	●	7	2
●		9	■	1		■		●
3	6	1	●	2	9	7	4	■
●		■		■	●	●		9
8	3	7	■	●	●	4	9	■
■	9	●	■	7	6			1
4	1	6	9			■		●

用时：＿＿＿＿＿

128

	1		2		■		3	4
3			5	1			7	
■			8		●		■	■
●			6	■			4	7
	7	3	●	4	■		9	6
■	6		●	●	3	■	1	5
●		1		6	2	●	5	3
6		●	9	8		4	2	●
7	4		3	5	1		8	9

用时：＿＿＿＿＿

129

用时：_____

3		1		6			■	7
				7	1	5		4
	■	7	5		■	9	6	1
●		3	4	1			9	
●	6	■	7	2	■	●	5	
2	●		3	5			7	6
	3	■	2		5			
7	8			4	●	■	2	9
	■	9	6	8	7		4	5

130

用时：_____

3	5		●	2	6	4	1	■
4				●	●	■	7	
2	●	1	■	●		■		5
5	6		●	■	4		3	
9		8	2		●	●	6	4
●		4	6	●	●	●	8	9
	●	■	3	5	7	8	4	
	●	5	■	■	●	●	2	■
		●		■	2	●	5	●

131

用时：_____

■	●	5	2	1	6	■		●
	●	■		3			6	●
●	■	●	5	●	8	■	7	
■		●	●	6	5	3		
5		9	●	8	7	●	4	■
■	●			■	■	●	8	
●	●	6	4	■	9	7	●	■
	8	■	6	5	3	●	1	4
9	●	■	■	●	1		■	

132

用时：_____

1	6		7	8	■	●	●	
5	●	■		6		4		9
4			5	1	●	7	■	■
6			●	9	●	■	■	7
7	3	■	6	■	●	8	●	●
■	●	●	■	■	●	6	5	●
	■	●		●	6	1	■	
	●	2	■	5	8			
9	5	6		7	●		■	■

133

用时：_____

134

用时：_____

135

3	1	5	■	●		■	■	●
	■	■	2		7		●	
	■	7	●	■	●	5		■
●	●	■	5	■	●	3	4	8
		●	■	■	■	●	●	●
●	3	■	4	●	●	■	2	●
4	9	1	●	2	■	8	●	5
■		6	7	■	5	●		
●	●	●		1	■	■	6	

用时：_____

136

●		●	●	■		5		3
■	■		■	■	3		●	●
●	3		5		1	6	8	■
■	9	■		●	7	4	■	●
5		■	■	●		■		9
■	●	3	■	■	9	●		
■	5	●	●	4	■		1	
3		7			●	■	■	■
1	6	4	■	3	2	9	7	●

用时：_____

137

用时：_____

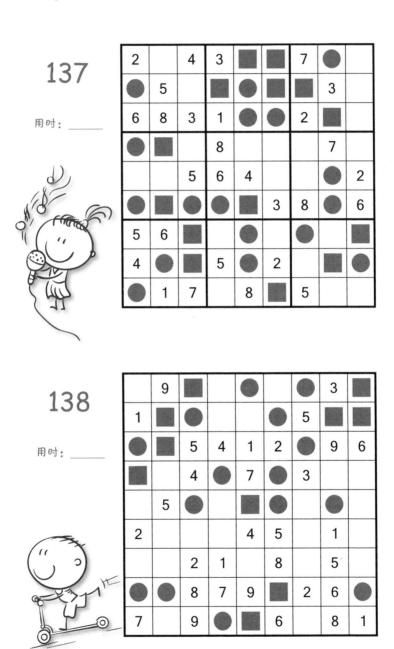

138

用时：_____

139

用时：＿＿＿＿＿

7	●	8	■	●	6	●	3	■
	●			■	●		●	■
2	■	9	3	8	5	●	7	■
8	●				4	■	●	●
9	2		●	■	3	■		7
■	7	■	8		●	3		
5		■	4	●	●	7	6	●
3	●	●	■		■		■	2
■	■	7	●				1	9

140

用时：＿＿＿＿＿

|
			9	■	●	●	1	4
●	1	9	●	■		6	■	■
	2	●	6	●	■		5	
	■	■	1	5			4	●
5		●	2		■	8	●	3
9		■		7	●	●	6	
1	3			●	■	■	7	2
		●	■	●	■		8	1
■	9		7	■	●	●	3	■

141

用时：_____

	■	●	●	●	■	5		8
		■		8	●	●	■	
4	8	3	6	●	●	1	■	●
●	●		8	■	●		1	3
1	■	■			3	2	●	7
●	4	●	●	■	7		■	
2	●	7	9	3	6	8	■	●
9		■		■	●	7	●	2
8	●			●	●		●	●

142

用时：_____

		7	■	■	●	●	6	9
9			7	5	●		■	2
●		■		9	4	●	●	●
8	4		●	●		1	●	
●	●		1		8		●	
	■	●	■	3	9	■	8	●
6	8	3		■		●	2	●
2	●		●	●		■		8
5	9	●	2		6	4	●	3

143

用时：＿＿＿＿＿

5	●	6			2	●	●	
3	7	■	5	4	●	6	●	■
8		●	3			5	●	
7	■	■	9	5		●	■	●
6	5	■			4	●		
1	●	9	■	●	8	■	■	●
■			8	2	3			
●	8	3		●	●	2	■	●
■	6	●		●	●	■		1

144

用时：＿＿＿＿＿

■	●	9	■	5	7		■	
	5		■	3		●	■	
●	■		9	2		●	5	8
9	8	●	■		2	●		1
●	3		5	8	9	■	4	■
	2	■	7			●		●
5	7	8			4	3	●	
1	●	■	●			■	●	
■	■	●		1	●	●	8	9

145

●	4						●	9
9	■	7	●		■	6	1	4
	●		4	8		●	●	■
5		●	●	6		●		●
8	1	4	3	●	●	■		■
		6		4			■	
■	6	■	●	●	●	■		●
	3	5	9	●		6		2	■
1	●	9	8	■	■	5	6	3

146

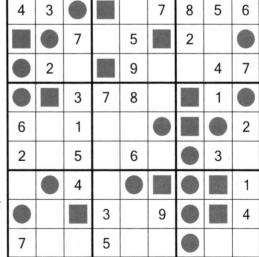

4	3	●	■		7	8	5	6
■	●	7		5	■	2		●
●	2		■	9			4	7
●	■	3	7	8		■	1	●
6		1			●	■	●	2
2		5		6		●	3	
	●	4		●	■	●	■	1
●		■	3		9	●	■	4
7			5			●		

147

●	9	●			■	8	■	●
●	7	■	■	■	5	9	1	■
8	■		●	●	●			6
2		●	6	■		●	●	
	6	■	9	1	■	●	5	4
		■	5	●	●	■		
1	■	7	4	3	●			
■	8	●	●	5	7	4		●
■	5	3	■	■	8	1	●	●

用时：_____

148

	6	●	1	5	9			
■	●	2	6		8	●	3	1
	●		3	2	■	●	5	■
	8			6		■		●
	●			1	2		7	5
●	7	●	4		3	■	■	■
8	■		●	●		5		
	●	●	5	■		■		2
5	■	9	2	8	7	1	6	●

用时：_____

149

用时：_____

■		4	1	●	5		■	■
3	●		■	■	6	●	1	■
	■	1	●	●	■	5	●	■
	■		●	3	2		6	7
7	■	●	8	●	4	2	●	
	9		●		7		3	●
2	●	8	6			●	7	
●	3	6		■	●		■	2
	■		2	●			8	3

150

用时：_____

4		■	●	3	■	5	■	●
8	●	9		1	■	■	3	●
●		1		5	■		4	9
●	4	2	●	■	■	●	●	3
		●	2		●	■	1	■
■	●	●			5	8	7	■
	6	●	●	4	9	●	2	8
1	●	■	5	■	●		■	
		■	■	■	●	●		●

乘积数独规则

　　乘积数独是利用若干相邻格内数字的乘积作为提示条件的变型数独。此类数独规则简单，很容易理解，只要熟悉乘法表便可以轻松确定提示数两侧格内的数对。乘积数独的提示数通常只有一种组合，偶尔会有两种组合的情况，在不确定时可以先利用确定的数对和区块线索进行推理，后期再将不确定的乘积组合唯一化，并利用这些数对线索将题目全部解完。

　　乘积数独规则：将数字 1~9 填入空格内，使得每行、每列及每宫内数字均不重复，题面内提示数表示两侧格内数字的乘积。

◀◀◀ 题 面 ▶▶▶　　　　◀◀◀ 答 案 ▶▶▶

7	5	1	3	9	6	2	8	4
6	9	8	2	4	7	3	5	1
4	2	3	8	1	5	9	7	6
1	3	9	7	8	4	5	6	2
8	4	5	6	2	9	1	3	7
2	6	7	1	3	4	9	8	5
3	7	4	5	6	2	8	1	9
9	8	6	4	3	1	7	2	5
5	1	2	9	7	8	6	4	3

乘积数独练习题

151

用时：_____

<table>
<tr><td></td><td>—7—</td><td></td><td></td><td>6—</td><td>48—</td><td>12—</td><td></td><td></td></tr>
<tr><td>—27—</td><td></td><td>—24—</td><td>5</td><td></td><td></td><td></td><td></td><td>15</td></tr>
<tr><td></td><td></td><td></td><td></td><td></td><td>—28</td><td></td><td></td><td>—45</td></tr>
<tr><td>—14—</td><td>15—</td><td></td><td>6</td><td></td><td></td><td>32</td><td></td><td></td></tr>
<tr><td></td><td></td><td>—72—</td><td></td><td>5—</td><td></td><td></td><td>18—</td><td>7</td></tr>
<tr><td>—6—</td><td></td><td></td><td>—28</td><td></td><td></td><td></td><td></td><td></td></tr>
<tr><td></td><td></td><td></td><td></td><td></td><td>—27—</td><td>45—</td><td></td><td>—16</td></tr>
<tr><td>32</td><td></td><td></td><td></td><td></td><td></td><td></td><td></td><td></td></tr>
<tr><td></td><td>—21—</td><td>48—</td><td>5—</td><td></td><td></td><td>4</td><td></td><td></td></tr>
</table>

152

用时：_____

<table>
<tr><td>—24—</td><td></td><td></td><td>32—</td><td>3—</td><td>30—</td><td></td><td>21—</td><td></td></tr>
<tr><td></td><td>—72—</td><td>45</td><td></td><td></td><td></td><td></td><td></td><td></td></tr>
<tr><td>—24—</td><td>5—</td><td></td><td>18—</td><td></td><td>72—</td><td></td><td>8</td><td></td></tr>
<tr><td></td><td>—6—</td><td></td><td></td><td></td><td></td><td></td><td></td><td></td></tr>
<tr><td>14</td><td></td><td></td><td></td><td></td><td></td><td>40</td><td></td><td></td></tr>
<tr><td></td><td></td><td></td><td></td><td>6—</td><td></td><td></td><td></td><td></td></tr>
<tr><td>—9—</td><td>20—</td><td></td><td>45—</td><td></td><td>14—</td><td>6</td><td></td><td></td></tr>
<tr><td></td><td></td><td></td><td>24—</td><td>7—</td><td></td><td></td><td></td><td></td></tr>
<tr><td>—24—</td><td>6—</td><td>8—</td><td>14—</td><td></td><td>24—</td><td></td><td></td><td></td></tr>
</table>

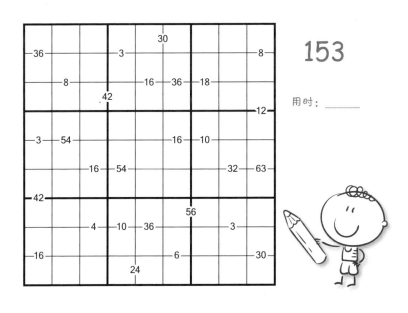

153

用时：_____

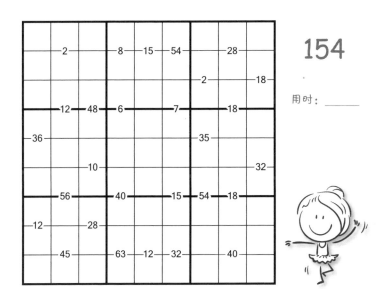

154

用时：_____

155

用时：_____

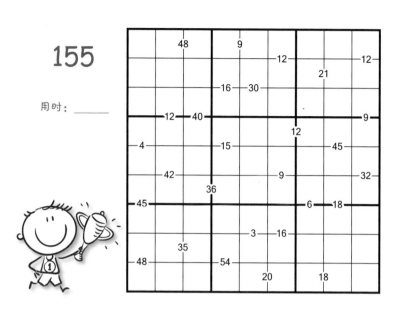

156

用时：_____

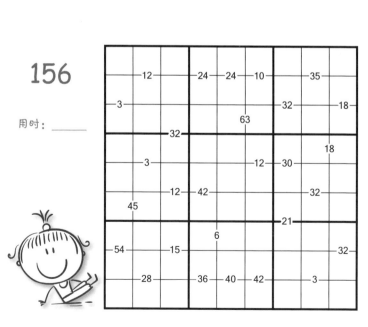

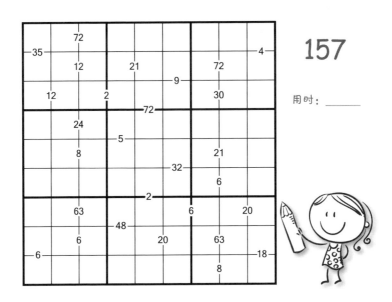

157

用时：_____

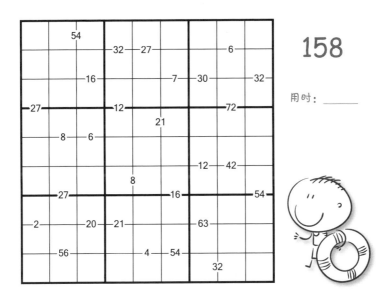

158

用时：_____

159

用时：_____

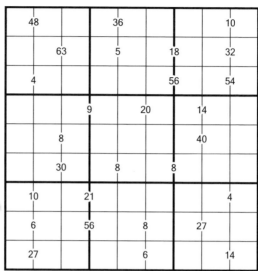

48				36				10
	63		5		18		32	
4					56		54	
		9		20		14		
	8						40	
	30		8		8			
10		21						4
6		56		8		27		
27					6			14

160

用时：_____

		24		45				3
	63				6	42		20
	20	21			2			
	12			35			24	
		54			20			
		21		8				24
		24			7			18
7				36				15
27		10		8		8		

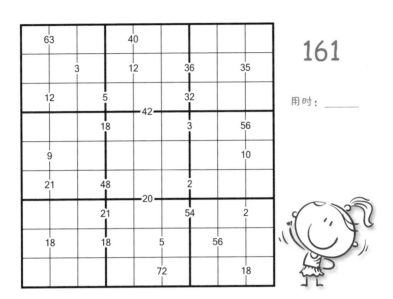

161

用时：_____

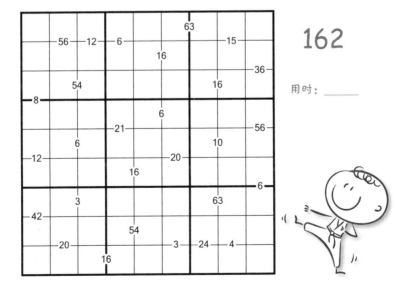

162

用时：_____

163

用时：＿＿＿＿＿

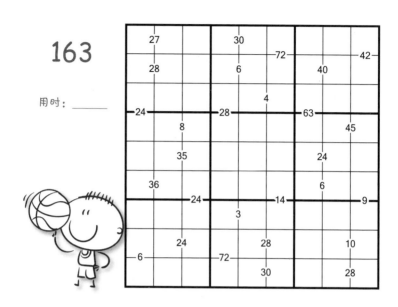

164

用时：＿＿＿＿＿

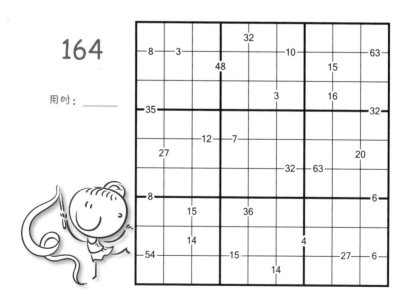

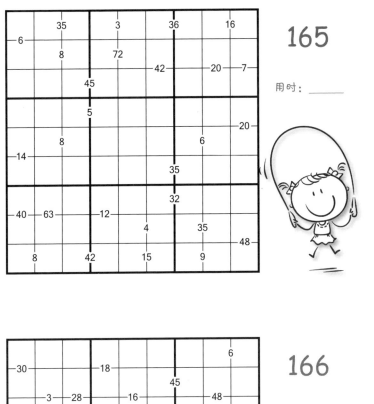

165

用时：＿＿＿＿＿＿

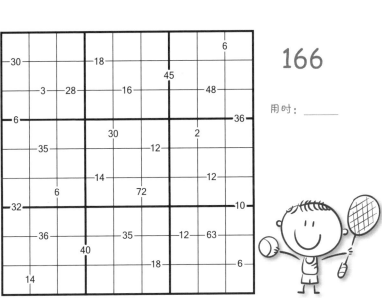

166

用时：＿＿＿＿＿＿

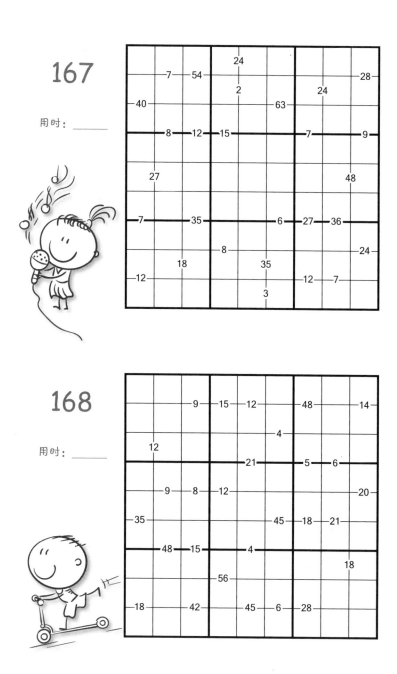

167

用时：_____

168

用时：_____

169

用时：_____

170

用时：_____

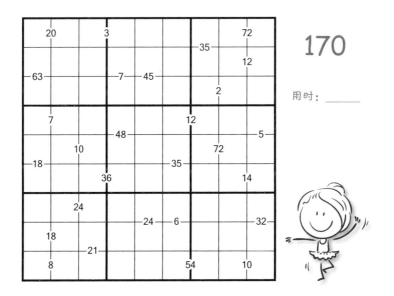

171

用时：_____

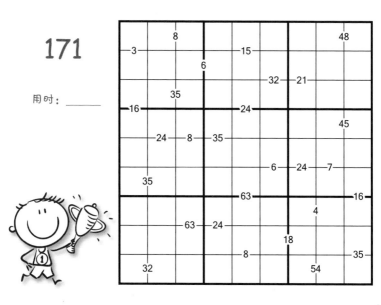

172

用时：_____

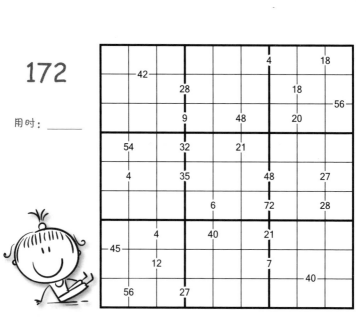

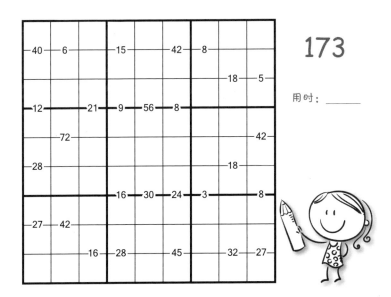

173

用时：_____

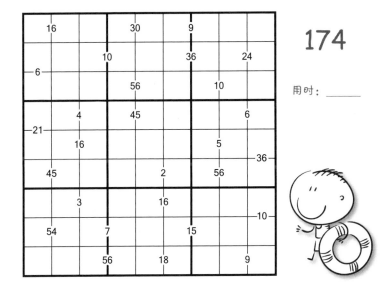

174

用时：_____

175

用时：_____

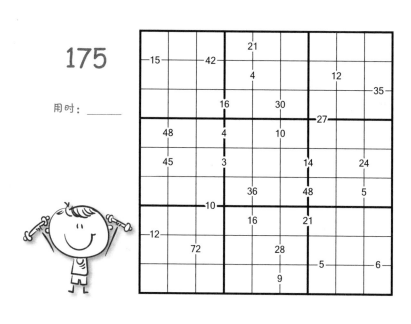

176

用时：_____

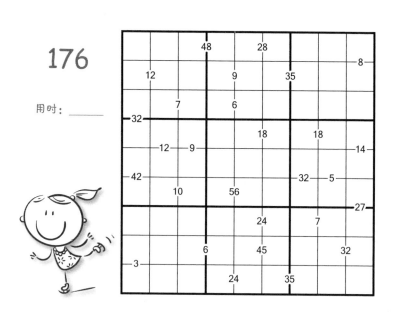

177

12　5　56
27
12
2
40　63　24

40　14　9
30
42　9
12
24　35　16

24　28　9
45
5
42
2　24　20

用时：_____

178

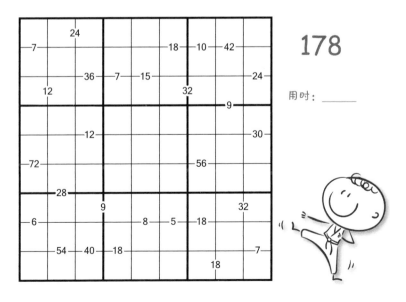

24
7　18　10　42
36　7　15　24
12　32
9

12　30

72　56

28
9　32
6　8　5　18
54　40　18　7
18

用时：_____

179

用时：_____

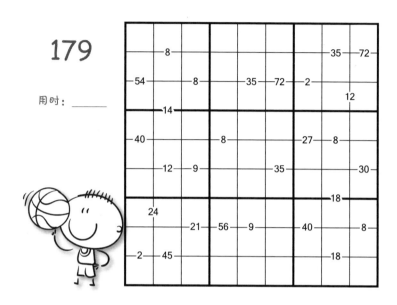

180

用时：_____

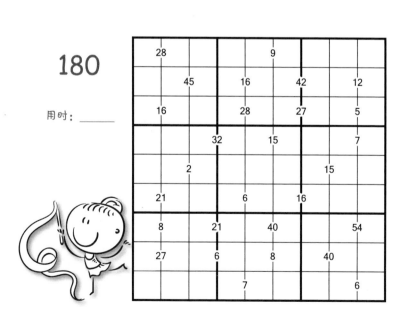

比例数独规则

　　比例数独与乘积数独类似，也是利用某些相邻两格内数字的关系作为提示条件的变型数独。不同的是，比例数独中给出的已知条件是两格内数字的比例关系，也就是相邻两格内数字约分后的分数或其倒数，与乘积数独相比，比例的变化更多，可能性更多，所以相对而言，比例数独的判断难度会比乘积数独大一些。

　　比例数独规则：将数字1~9填入空格内，使得每行、每列及每宫内数字均不重复，题面内提示数表示两侧格内数字的比例关系。

◀◀◀ 题 面 ▶▶▶　　　◀◀◀ 答 案 ▶▶▶

2	3	7	5	8	4	6	1	9
6	1	4	2	7	9	8	5	3
8	9	5	6	1	3	4	2	7
5	8	2	7	9	6	3	4	1
1	7	9	4	3	8	5	6	2
4	6	3	1	2	5	7	9	8
3	5	1	9	4	7	2	8	6
9	4	8	3	6	2	1	7	5
7	2	6	8	5	1	9	3	4

比例数独练习题

181

用时：_____

	4/9				3/5			
5/8			1/3	4/7				
					8/9		6/7	
	2/3	1/6						
			1/8					
				5/8				
	5/6		4/7			1/3		8/9
1/9		3/4		1/6		4/7		
			1/9					
				1/3				
					1/7	5/8		
3/7		2/5						1/3
			8/9	4/7				
	3/5				4/9			

182

用时：_____

		2/3			7/8	1/3	1/5
3/4	3/4			8/9			
	2/5	6/7					3/7
		1/4					
4/9	1/8		4/7		1/5		
5/7	5/9			2/9		3/4	
		1/6					
3/5			2/9	1/8			
	7/8						
			3/5	7/9			
1/4	1/9	4/7					
		4/5					

183

用时：_____

3/4			1/5			7/9		
				8/9				
1/7	1/3					5/8		
	5/9		2/3	4/7		1/6		
					3/5		1/7	
	2/3	2/7				4/9		
5/7	4/9		1/6					
4/9	1/7		1/2		2/5			
	5/8			1/4		1/2		
1/2		8/9		2/5		4/9		

184

用时：_____

1/4	3/5	7/9	1/4
5/9	1/8	3/4	
7/8	1/2		
2/5	4/7	5/9	
	1/4		
2/9	6/7	3/5	
	1/7		
1/6	2/5	3/8	
4/5	1/4	7/8	
1/7	3/8	5/9	
1/4	5/9	6/7	1/4

比例数独练习题

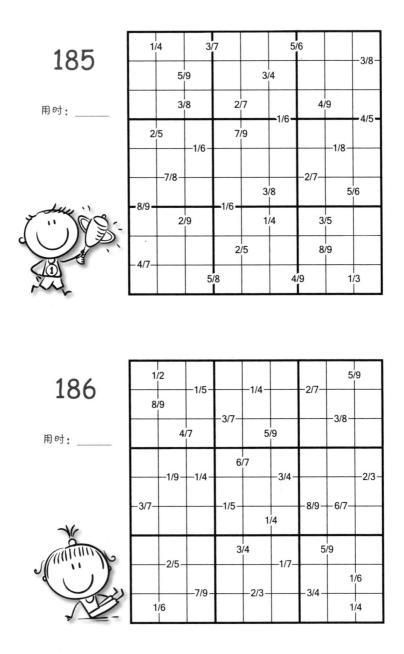

185

用时：_____

186

用时：_____

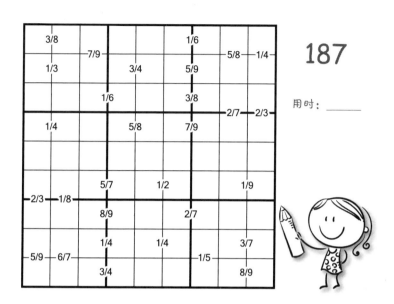

187

用时：_____

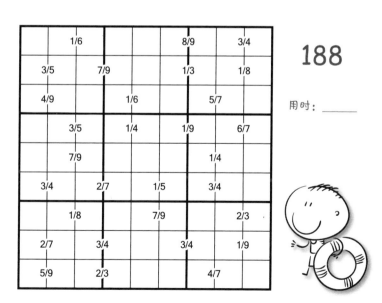

188

用时：_____

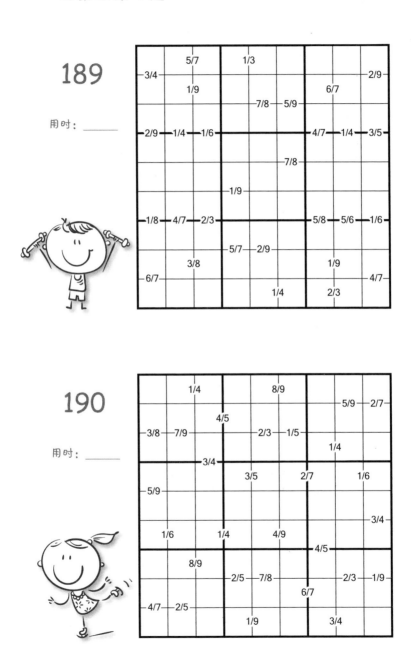

189

用时：_____

190

用时：_____

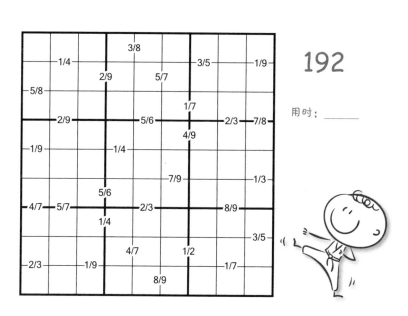

191

用时：_____

192

用时：_____

193

用时：＿＿＿＿＿

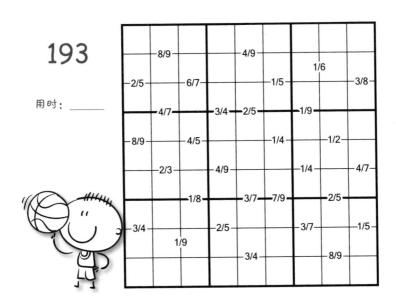

194

用时：＿＿＿＿＿

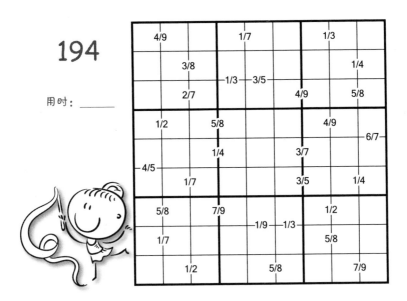

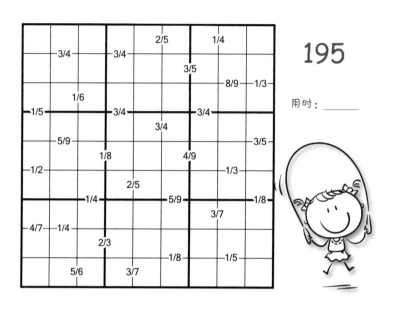

195

用时：＿＿＿＿＿＿＿

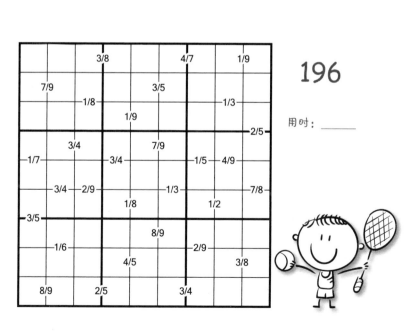

196

用时：＿＿＿＿＿＿＿

197

用时：____

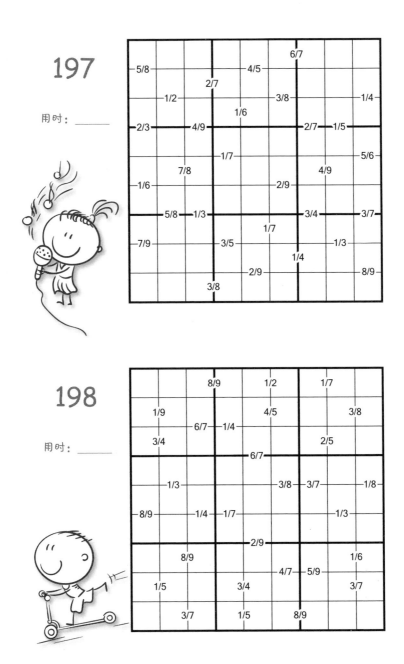

198

用时：____

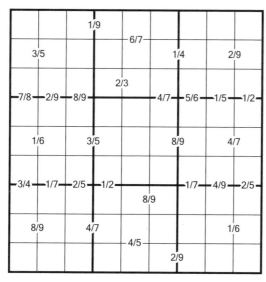

199

用时：

Grid 199:

		1/9					
	6/7				1/4	2/9	
3/5							
			2/3				
7/8	2/9	8/9		4/7	5/6	1/5	1/2
	1/6	3/5			8/9	4/7	
3/4	1/7	2/5	1/2		1/7	4/9	2/5
			8/9				
	8/9	4/7				1/6	
			4/5				
				2/9			

200

用时：

Grid 200:

3/8	1/3	7/9	4/5
1/6	3/5	2/7	
	8/9	1/5	1/3
5/7			
2/3		7/8	4/9
	7/8		1/6
			3/5
	4/9	2/5	
			7/8
2/7		3/5	1/4
	1/4	5/7	3/4
	3/4	1/9	1/4	6/7

201

用时：_____

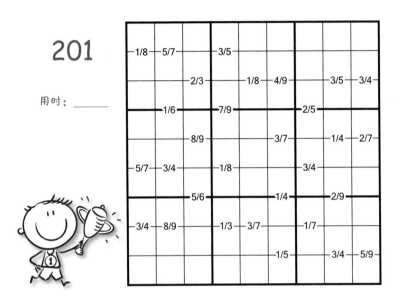

202

用时：_____

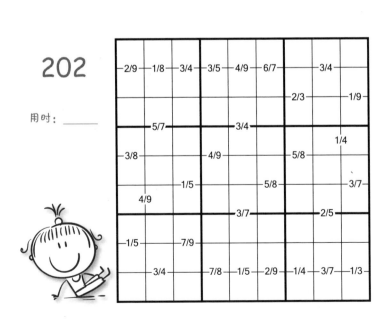

203

用时：_____

4/9					3/5	1/4		1/7
	1/5		7/9					
						4/5	1/2	
2/3				4/7				
					4/5			
	1/2	3/8				1/6	1/4	
1/5	4/7				2/9	3/7		
	3/4			1/8				3/5
6/7	1/8							
	4/9	4/5		1/2		1/6		
3/5							7/8	

204

用时：_____

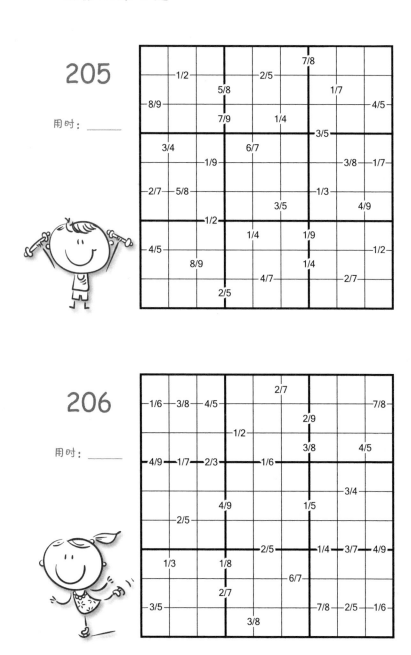

205

用时：_____

					7/8			
	1/2			2/5				
		5/8				1/7		
8/9								4/5
		7/9		1/4				
						3/5		
3/4			6/7					
	1/9					3/8	1/7	
2/7	5/8					1/3		
				3/5			4/9	
	1/2							
			1/4		1/9			
4/5							1/2	
	8/9				1/4			
			4/7			2/7		
	2/5							

206

用时：_____

1/6	3/8	4/5		2/7				7/8
			1/2		2/9			
					3/8	4/5		
4/9	1/7	2/3	1/6					
			4/9		1/5		3/4	
	2/5							
				2/5	1/4	3/7	4/9	
1/3	1/8		6/7					
	2/7							
3/5			3/8		7/8	2/5	1/6	

207

用时：＿＿＿＿

```
5/6
    1/4 ── 4/7 ── 1/8        3/7
3/4
         1/2           1/3
    7/9      1/4
              3/5
 1/8 ─ 4/5      ── 4/7        ── 2/3
1/3        2/9      5/7 ─ 4/9
                3/4
         1/4      1/9
 2/5           1/2
              5/8
     1/9 ─ 5/9    2/3
3/8              6/7
```

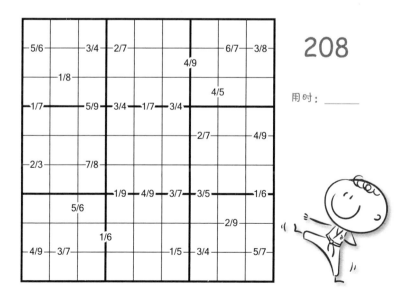

208

用时：＿＿＿＿

```
5/6 ──── 3/4 2/7        6/7 ─ 3/8
    1/8            4/9
                  4/5
1/7 ─ 5/9 ─ 3/4 ─ 1/7 ─ 3/4
                  2/7 ──── 4/9
2/3 ─ 7/8
         1/9 ─ 4/9 ─ 3/7 ─ 3/5 ──── 1/6
    5/6              2/9
         1/6
4/9 ─ 3/7        1/5 ─ 3/4 ──── 5/7
```

209

用时：_____

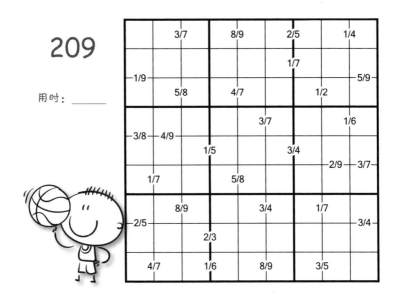

210

用时：_____

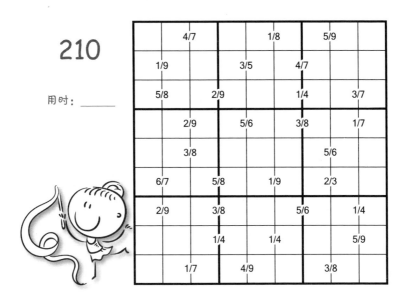

杀手数独规则

　　杀手数独是最常见的计算类变型数独，是在标准数独的基础上添加了虚线框条件，利用计算虚线框内数字之和来推理所有格内数字的题型。

　　杀手数独规则：将数字 1~9 填入空格内，使得每行、每列及每宫内数字均不重复，虚线框内提示数表示框内所有数字之和，同一虚线框内不能填入相同的数字。

◀◀◀ 题 面 ▶▶▶　　　　◀◀◀ 答 案 ▶▶▶

9	2	8	1	4	3	6	7	5
3	4	7	9	6	5	8	2	1
6	1	5	7	8	2	3	4	9
2	8	4	5	3	1	9	6	7
7	3	6	8	9	4	5	1	2
5	9	1	2	7	6	4	3	8
8	5	3	4	1	7	2	9	6
1	6	2	3	5	9	7	8	4
4	7	9	6	2	8	1	5	3

杀手数独练习题

211

用时：_____

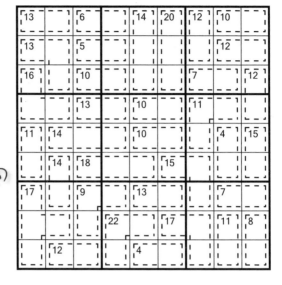

212

用时：_____

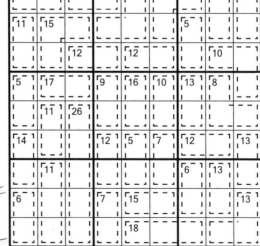

213

用时：_____

214

用时：_____

215

用时：_____

12	4		10		29	20	11	
	8	12	16					
15			5				7	
	15		10			6		11
	9		15		5		22	
10		16		10		8		10
15			17					
7				12		10	21	
	12		15					

216

用时：_____

11		14	8		18	13		13
7	13							
			7	17	11	10	12	
8		15					14	
17				8		9		14
8	8		8		10	13		
	21			11			10	
		11	17		7		8	
8				11		15		

217

用时：_____

218

用时：_____

219

用时：_____

220

用时：_____

221

用时：_____

222

用时：_____

223

用时：_____

7		11	10	9	16	8	6	13
18	11							
			10			15		8
	21			16	10	13		
5	26	6					9	
					13		9	
15			7	5		7	16	15
13	10			9				
	16			15		7		

224

用时：_____

12		16		15		11	4	
5	11	8			23		11	
						17	18	
13	6	17		18				8
		9				11		
5	15		15	10	7	6		11
		7				7	13	
17	6			18				16
	11			8				

225

用时：＿＿＿＿＿

14		18	10	17	11			
8						17		
	14	9	5		15		14	10
			13		10			
15			16	4			16	10
9		9		14	8			
20					11		7	
	6		10		22		7	
5		13		10			8	

226

用时：＿＿＿＿＿

14		13		18		16		
	5		25		11		10	
9				15	8	17	3	10
	15							
9		7			15	13		18
	11		13	15		22		
7		8						
8			13				13	
22			11			11		

227

用时：_____

228

用时：_____

229

用时：_____

230

用时：_____

231

用时：＿＿＿＿＿

232

用时：＿＿＿＿＿

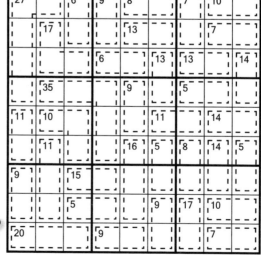

233

用时：_____

234

用时：_____

235

用时：_____

236

用时：_____

237

用时：_____

238

用时：_____

239

用时：_____

240

用时：_____

无马数独规则

　　无马数独是一类很经典的变型数独，它的外形与标准数独相同，但隐藏着特殊的限制条件，也就是限制彼此形成国际象棋中马步位置的两格内不能出现相同的数字，这也是"无马"两字的由来。

　　无马数独规则：将数字 1~9 填入空格内，使得每行、每列和每宫内数字均不重复，每一格与其前进 2 拐 1 格（马走日）的数值不相同，即彼此形成国际象棋中马步位置的两格内数字不能重复。

◀◀◀ 题 面 ▶▶▶

	9		6		1		3	
2								5
			2		5			
9		2				6		7
4		7			9			3
			5		3			
5								1
	2		9		6		7	

◀◀◀ 答 案 ▶▶▶

8	9	5	6	4	1	7	3	2
2	3	6	8	9	7	1	4	5
7	4	1	2	3	5	8	6	9
9	1	2	3	5	4	6	8	7
6	5	3	7	8	9	2	1	4
4	8	7	1	6	2	9	5	3
1	7	8	5	2	3	4	9	6
5	6	9	4	7	8	3	2	1
3	2	4	9	1	6	5	7	8

241

用时：_____

			2		4			
				9				
		4	1		7	8		
1		2	4		8	9		5
	7			6			2	
6		9	3		5	7		1
		3	7		9	5		
				8				
			6		2			

242

用时：_____

3	1		7		4		8	5
5								1
				9				
4				1				2
		6	5	2	3	9		
9				8				3
				4				
7								6
1	5		6		8		2	9

243

		2	1	7	5	3		
				9				
9								7
5			7		2			3
7	1						5	2
2			9		6			8
4								9
				3				
		7	4	8	9	5		

用时：_____

244

6		7				9		2
	8						1	
2		1				7		3
			1	6	3			
			4		2			
			8	5	7			
8		2				3		4
	3						5	
5		6				8		7

用时：_____

245

用时：_____

4				5				3
			9	4	8			
		9	1		3	8		
	9	8				3	6	
3	6						1	9
	4	1				5	8	
		4	2		5	6		
			4	8	1			
8				6				1

246

用时：_____

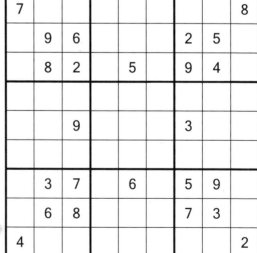

7								8
	9	6				2	5	
	8	2		5		9	4	
		9				3		
	3	7		6		5	9	
	6	8				7	3	
4								2

247

用时：_____

			4	9	2			
				5				
		2		1		8		
8								7
6	7	9		3		1	2	8
2								5
		3		2		9		
				4				
			9	8	5			

248

用时：_____

5								4
	6		7		4		1	
		8	9		5	3		
	8	5		9		6	4	
			5	4	2			
	4	2		8		1	9	
		6	2		1	4		
	3		4		6		7	
1								6

249

用时：_____

7		5	9		3	1		6
	6			8			2	
2								9
8			2	3	6			7
	4		8	5	1		3	
5			7	4	9			1
1								4
	7			1			9	
3		2	5		4	6		8

250

用时：_____

	6		7		4		2	
		2	3	6	8	7		
	2	1		8		3	6	
		7	1	5	3	4		
	4	3		9		1	5	
		4	9	7	1	5		
	7		6		5		4	

251

用时：_____

			3	5	6			
	6						5	
		4		2		7		
1								2
4		6		7		5		1
9								6
		5		6		2		
	8						9	
			7	9	8			

252

用时：_____

5				2				4
		7				8		
	4	8	7		1	5	2	
		5		1		2		
1			5		4			6
		3		6		4		
	8	4	3		6	1	5	
		1				6		
7				8				3

253

用时：_____

8								5
			2	4	3			
		1		9		3		
	7						3	
	6	9		7		8	5	
	1						6	
		7		8		6		
			6	3	7			
3								4

254

用时：_____

1			8	9	7			4
		9				8		
6			7	2	8			1
4			5	6	3			8
3			4	1	9			5
		6				4		
8			9	7	5			3

255

4	1		9		6		3	5
5								8
				2				
3			8	9	2			7
		2	5	7	3	1		
8			6	4	1			3
				6				
2								1
7	8		2		9		5	4

用时：_____

256

	6		1		4		8	
			3		2			
	8	4		3		9	6	
			2	6	5			
	7	2		4		5	1	
			5		7			
	1		6		9		4	

用时：_____

257

用时：_____

6			2		9			7
				5				
				8				
7			8	9	4			3
	6	4	7	3	2	8	1	
8			1	6	5			4
				1				
				2				
9			4		3			2

258

用时：_____

9		6	5		3	8		2
2				4				7
4								9
		2		1		4		
6								1
1				5				4
5		4	7		1	9		8

259

用时：_____

260

用时：_____

261

用时：_____

				1				
	8		3		7		5	
				8				
	5			6			1	
8		4	2	5	3	7		9
	7			9			8	
				7				
	9		8		5		7	
				2				

262

用时：_____

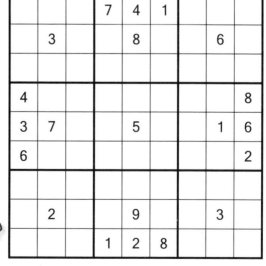

			7	4	1			
	3			8			6	
4								8
3	7			5			1	6
6								2
	2			9			3	
			1	2	8			

263

	1	9				4	5	
8	5						2	3
2								9
			9	2	5			
			7	6	3			
			1	4	8			
1								8
4	9						7	5
	3	2				9	6	

用时：_____

264

	4	2				9	7	
3				8				4
1		7				2		5
				3				
	3		8	7	4		1	
				1				
7		6				5		9
9				4				1
	2	1				8	3	

用时：_____

265

用时：_____

	3						8	
2		7				6		1
	4						7	
			9		8			
				4				
			1		2			
	6						5	
7		5				1		9
	9						2	

266

用时：_____

9	7						4	1
3			9		5			7
		5				9		
	2			1			3	
			7	6	4			
	1			8			6	
		6				3		
2			3		6			4
1	5						7	6

267

	2	4				9	5	
6				5				1
9			6		4			3
		6	7		2	5		
	4			9			1	
		5	1		3	6		
1			4		5			9
4				6				5
	6	9				8	4	

用时：_____

268

9		1		2		8		7
				4				
6								1
			9		2			
1	2			8			6	5
			7		5			
3								8
				3				
7		2		5		4		9

用时：_____

无马数独练习题

269

用时：_____

	5			6			4	
1		2				5		7
	9	4	5		2	6	1	
		3				2		
6								9
		5				8		
	3	8	9		5	7	2	
5		9				4		8
	2			8			9	

270

用时：_____

7								9
	9		8		2		6	
		8	1		4	2		
	8	7		1		4	9	
			7	3	8			
	6	1		4		8	2	
		6	4		7	9		
	5		6		9		4	
4								8

VX 数独规则

　　VX 数独是一类全标类变型数独，除了标准数独的基本规则外，题面通过标注 V 和 X 给出数字间的特殊关系。

　　VX 数独规则：将数字 1~9 填入空格内，使得每行、每列、每宫内数字均不重复。题面内标记"V"得相邻两格数字和为 5，标记"X"得相邻两格数字和为 10。

◀◀◀ 题　面 ▶▶▶

◀◀◀ 答　案 ▶▶▶

9	3	5	4	7	2	6	8	1
1	4	8	6	3	9	5	7	2
6	2	7	5	1	8	4	3	9
4	5	3	7	6	1	9	2	8
8	7	6	2	9	3	1	5	4
2	9	1	8	5	4	3	6	7
5	8	4	1	2	6	7	9	3
3	6	2	9	4	7	8	1	5
7	1	9	3	8	5	2	4	6

VX 数独练习题

271

用时：_____

x4				x	v	5		
v	3	v2	5	9		x6	8	
				x4		x		
x		1	3	v	7			
		x9		x	5		v	
	5		9	x	8		v	2
9		6	7	8				4
x1		x4		v	2			x
		2	4			1		3

272

用时：_____

2		5	3	1 x	9		7	
v		9	2	6		5		v
6 x	7	1 v		5		x		v
		6	9	x				
v3 x			8			v	9	6
x				v		3	4	7
6 x		7 x	v	x8	5			
	x		x	v 4 x				
v	1		x					9

273

用时：＿＿＿＿＿

			9		1			
x	7			v				1
	4		7			9	3	6
2 v 3		5			1			
	5			v		3 x 7		4
7		v		v		v		
x		3	6	9		5		7 x
	1 x				x 8	4	v	
5	7		1		x			8

274

用时：＿＿＿＿＿

6 x		8	3	x				
x v					8	9 x 1 v		
	9 x	v			7	6	3	8
4		x		x				
			6	3	v			9
			5	7	v 1		v	
x 1	x v				9	7		
7		x		3	5	x		2
8	5		7	v		3	9 x	

275

用时：＿＿＿＿＿

	9		8	1 v				
8				9			1	
				7	6	8		4
			6	3	1			9
	8		5	9		4	6	2
				8				
7				2		9		
					8	7	4	
		1		4			2	

276

用时：＿＿＿＿＿

							6	
	2	5		3	4	7		
6			8	2	9			
			4					8
8				9			5	
	9			1		4		6
4	5	7		8				2
		9				6		
3		1			2		9	

277

用时：_____

278

用时：_____

279

用时：_____

280

用时：_____

281

用时：_____

5		3		2				
	7		8		6			
8				7				
2	5		4				8	
	4		6		3		1	
		7		8	9			5
6		9		4	2	3	5	
		4	5					
	8							2

282

用时：_____

5					2	3		
						5		
7	4				9			
1		5		2	7	3		
2			6				8	
9			5		6			
		4		3	9	7		
8			1			6	3	
	3	7	6					2

283

用时：_____

2			4	6			1	
	1	6		2				
		8						
						9		7
4	9				3	5		1
		7	9			4	2	
6			1		4	8		
				7		2		3
7			5			6	1	

284

用时：_____

		2	3			5		
5	3	9		1		6	8	
		6						
	1	7	4	3				
	5		1					4
		3		2	8	6		
3	6		9		7			
	7		4			3		6
8								

285

用时：_____

5			2					
9		6					2	
	3							
				6				
	5		4	8		7		3
	6		3	7	2			1
3	7	9		2			1	5
1	2	4			7			
6					1		4	

286

用时：_____

5						4	9	8
	8			4		7	1	5
						2	6	
		1						
	6	8	5					
5	2	1						
	7		9	8				
		4		1		6		
						9	8	

287

用时：_____

288

用时：_____

289

用时：＿＿＿＿

290

用时：＿＿＿＿

291

用时：_____

	1	2			7		9	
	3	9						
			3				7	1
6		3				2		
		8		1	6			7
	2		8				6	5
	7							
1							6	
			7		3			

292

用时：_____

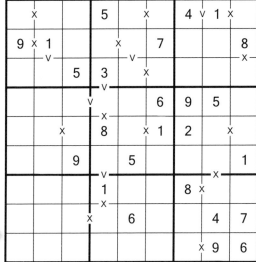

		5			4	1		
9	1			7				8
	5	3						
			6		9	5		
		8		1	2			
	9		5					1
		1			8			
		6				4	7	
						9	6	

156

293

用时：_____

2 v 3	5		x			x		
6		v		x		2 x		
x 1	x			6	3			
6	4 v	1	2 x	8				
7	9		3			2		
9	x		1			6		
x 1		x	4		9			
x 3				8				

294

用时：_____

3	9		7	v	6	x		4
	x					6	3	5
			8	x			x 1	
4 v			3	5			6	
7 x				v				
8	x		x 9			v		
x 3	x				x			
4		3 v	7					
	1	9	5		3			

157

295

用时：_____

296

用时：_____

297

用时：＿＿＿＿＿

298

用时：＿＿＿＿＿

299

用时：_____

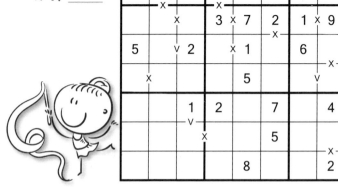

					1	7	x		
v 4			x					3
5	2 x	8		6				
2 x			x		v	3	8	
		3			4	x 7		
			x 2	v 3	4 x			
			v	6	8	x		
	1 x	9			x		v	x
x 7		x	v 4	2	5			

300

用时：_____

x 7				x 4		4 v		
v		x	8			1	3	7
	x		x	3 x	7	2 x	1 x	9
5	v 2		x 1		6			
x			5			x v		
	1 v	2		7		4	3	
	x			5				
			8			x 2		

变型数独精选

精选 28 种变型数独

世界数独锦标赛指定用书
世界智力谜题联合会推荐普及读物

数独无双 · 好书推荐

Nikoli数独精选——难度和解法的竞赛，引发头脑风暴

标准/变型数独解法完整版——四本在手，挑战所有